AF193428

Frank Mitjans

El humanismo de Tomás Moro

cypress
CULTURA

1ª ed,, mayo de 2024

En portada:
Retrato de Thomas More,
por Hans Holbein el joven

Una iniciativa de Cypress Cultura
www.cypress.com.es

ISBN: 978-84-127712-7-5
Depósito legal: SE 1009-2024

IMPRESO EN LA UNIÓN EUROPEA

ÍNDICE

1. Nacimiento

Tomás Moro nació en Londres el 7 de febrero de 1478, durante el reinado de Eduardo IV. Desde el fallecimiento de Eduardo, reinó durante dos años el usurpador Ricardo III, pero tras la batalla de Bosworth en 1485 comienza la dinastía Tudor. Son años de cierta estabilidad política sin batallas internas, acabadas las Guerras de la Dos Rosas, ni operaciones militares en el extranjero.

Desde el punto de vista del humanismo en Inglaterra, cabe destacar que a mediados del siglo XV se da "un movimiento educativo". El rey Enrique VI funda Eton College en Windsor en 1441 y King's College en la Universidad de Cambridge, y ese mismo año el rey patrocina la fundación del colegio de Saint Anthony en la ciudad de Londres. Saint Anthony's fue uno de los primeros *grammar schools*, donde se estudiaba latín y a los autores clásicos, como Cicerón y Séneca, Terencio, Virgilio, Horacio y Ovidio… e historiadores como Tito Livio y Tácito.

A los siete años Tomás Moro comenzó sus estudios en Saint Anthony's. Era el principio de la nueva dinastía. El joven Tomás continúa su educación en el Palacio de Lambeth, residencia de John Morton, arzobispo de Canterbury en las cercanías de Londres. En Lambeth se familiariza en los usos de la corte. A los 14 años, Morton, que también era el Canciller de la Universidad de Oxford, le envía a estudiar allí. Los jóvenes estudiantes en Oxford recibían una formación propedéutica que les permitía luego incorporarse a seguir la carrera de Derecho en Londres, o trabajar en la administración pública. Esos años en Oxford no tenían el objetivo de obtener un título académico, a menos que se pretendiera graduarse en Teología, Derecho Canónico o Medicina, o bien obtener el Master para dedicarse a la enseñanza universitaria. El mismo Moro dijo posteriormente que se iba a Oxford precisamente para adquirir las buenas letras.[1]

Después de dos años en Oxford, Tomás Moro comienza sus estudios de Derecho en Londres; y a los 18 años, el 12 de febrero de 1496, es admitido en Lincoln's Inn, la escuela de Derecho de más prestigio. Las cuatro *inns* eran el centro cultural de la época por estar situadas en Londres. Sus estudiantes, después de haber adquirido una formación humanística en Oxford o Cambridge, se preparaban para trabajar como abogados en la corte o en los gremios comerciales.

Moro dio clases magistrales en la misma Lincoln's Inn, y fue nombrado uno de sus gobernadores. Además de su práctica privada, fue el abogado de la Corporación municipal de la Ciudad de Londres, y del gremio más importante.

2. Flujo de Oxford a Italia

Pero volvamos a Oxford. Desde antes de la caída de Constantinopla en 1453 se produce un flujo de profesores de Grecia a Italia, y a su vez intelectuales ingleses van a Italia a aprender griego o a familiarizarse con los humanistas italianos. Una primera figura es el benedictino William Selling, Prior de la abadía de Canterbury. Selling estudió en Canterbury College en Oxford, y de allí fue a Boloña donde obtuvo el doctorado en teología y aprendió griego. Tradujo una de las homilías de San Juan Crisóstomo. En 1487 vuelve a Italia acompañado de Tomás Linacre.

Otro estudioso de griego fue William Grocyn. En 1488 fue a Italia para mejorar sus conocimientos de griego y del latín clásico. Allí conoce al editor Aldus Manutius. De regreso a Inglaterra, Grocyn fue el primero en dar un curso de lengua griega en la universidad de Oxford.

Tomás Linacre va a Italia por segunda vez y colabora con Aldus en la edición de Aristóteles. Linacre regresa a Inglaterra en 1499. Ese año Grocyn escribe a Aldus agradeciéndole la ayuda que ha prestado a Linacre, y su trabajo en editar autores griegos, en concreto en dar prioridad a las obras de Aristóteles, anteponiéndolas a las de Platón, al que considera un fabulista. Grocyn escribe:

Opino como tú, pues considero que la diferencia entre estos dos grandes filósofos es simplemente […] la diferencia entre un "polymath"(polímata) y un "polymyth" (un fabulista).[2]

Hasta aquí unos estudiosos de Oxford que han viajado a Italia a finales del siglo XV e introducen los estudios de griego. ¿Cuál es su relación con Tomás Moro?

3. Erasmo

Hay que considerar primero su relación con Erasmo. En 1499 Erasmo es invitado a Inglaterra por Lord Mountjoy, un amigo de Tomás Moro. El primer encuentro entre Erasmo y Tomás Moro lo relata Erasmo años más tarde.

Mountjoy, que vivía en Greenwich, invitó a su preceptor, entonces un hombre de 33 años, a ir con Tomás, estudiante de 21 años en Lincoln's Inn, y un compañero, también estudiante de Derecho, a visitar a la familia real en el Palacio de Eltham. Al llegar, cuenta Erasmo, Tomás espontáneamente recitó una poesía al príncipe Enrique, futuro rey Enrique VIII, y el príncipe pidió a Erasmo su poesía. Erasmo, mosqueado, no sabe qué responder, y durante los tres días siguientes, se encierra en Greenwich hasta que logra escribir algo para enviárselo al príncipe.

A partir de ese momento, Erasmo manifiesta gran admiración por el joven Tomás. Desde Inglaterra escribe a un preceptuado suyo en París alabando a los humanistas que ha conocido.

> ¿Qué me parece nuestra Inglaterra? […] créeme, nada en mi vida me ha gustado tanto. He encontrado el clima agradable y saludable. Y me he encontrado con tanta amabilidad y tanto saber, […] latín y griego, […] Cuando oigo a mi Colet, me parece estar escuchando al mismísimo Platón. ¿Quién no se maravilla ante el alcance universal del saber de Grocyn? ¿Podría haber algo más inteligente, profundo o sofisticado que la mente de Linacre? ¿Qué ha creado la naturaleza más suave, más dulce o más feliz que el genio de Tomás Moro? Es maravilloso lo extendida y abundante que es la cosecha del saber antiguo que florece en este país.[3]

4. Colet, Grocyn, Linacre

Erasmo ha mencionado a Colet, Grocyn, y Linacre. Los tres son nombrados en carta de Tomás Moro a Colet fechada en 1504.

John Colet también viajó a Italia, donde conoció a Marsilio Ficino. De regreso a Inglaterra dio clases de Teología en Oxford; y durante el verano de 1499 disputó con Erasmo sobre el sufrimiento de la humanidad de Cristo durante su Pasión.

En la carta de 1504, Grocyn aparece como el director espiritual del joven Moro en ausencia de Colet.

Tomás Linacre era doctor en Medicina y médico de la casa real. Como dije, había regresado a Inglaterra en 1499. En esa carta, Tomás Moro lo nombra como su maestro de griego. Tomás Moro también cita a William Lily, compañero de estudios de Tomás. Lily era ahijado de Grocyn. Como Colet, Grocyn y Linacre, también viajó a Italia.

En la carta, encontramos a William Lily y a Tomás Moro practicando griego. Años más tarde esos ejercicios de griego serán publicados junto con otros epigramas y *Utopía*, con el título de: *Ejercicios de competición de los amistosos rivales Tomás Moro y William Lyly.*

Se trata de unas traducciones breves del griego al latín. Sus profesores eran Grocyn y Linacre.

5. *Antibarbari*

Hemos visto que, en 1499, comienza la relación entre Tomás Moro y Erasmo. En esa época Erasmo tenía en la cabeza su obra *Antibarbari*, es decir, en contra de los "bárbaros". Los "bárbaros" eran para Erasmo esos eclesiásticos que enseñaban sin conocimiento del latín clásico, ni de los Padres de la Iglesia, limitándose a repetir lo que habían aprendido de los escolásticos tardíos. El libro es una defensa de los clásicos, de la necesidad de estudiar a los Padres de la Iglesia y otros autores de la primera cristiandad, así como de conocer el griego del Nuevo Testamento.

La frase de su libro que en mi opinión resume el tema es *Qum exaltatus fuero a terra, omnia traham ad meipsum* (Juan 12: 32): "Cuando sea levantado de la tierra, atraeré todo hacia mí". Erasmo le da una interpretación propia: Cristo al ser elevado por su crucifixión, atrae hacia sí toda la sabiduría pagana, de Sócrates, Platón, Aristóteles, Cicerón, Virgilio y todos los Clásicos. El proyecto de Erasmo en el *Antibarbari* es el de cultivar el saber clásico al servicio de las "buenas letras" para así revitalizar el cristianismo.

Tomás Moro comparte ese proyecto, y tanto uno como el otro se disponen a estudiar griego, el latín clásico, los autores griegos y latinos, y los Padres de la Iglesia.

En la correspondencia de Erasmo a su regreso de su estancia en Inglaterra se trasluce su empeño por estudiar griego, de encontrar un profesor de griego, así como de comprar libros en esta lengua. Asimismo, en 1501, en la primera carta que se conserva de Tomás Moro, escribe que ha dejado sus estudios de latín para concentrase en la lengua griega.

6. San Agustín y San Juan Crisóstomo

Ese mismo año, sin embargo, da unas conferencias sobre la *Ciudad de Dios* de San Agustín en la parroquia de San Lorenzo, invitado por William Grocyn. Erasmo escribió:

> Sobre la *Ciudad de Dios* de San Agustín, [Moro] dio conferencias públicas ante grandes audiencias siendo aún muy joven; sacerdotes y ancianos no se avergonzaban de buscar instrucción en cosas santas de un joven laico.

San Agustín será el autor que más cita Tomás Moro en sus obras, pero en 1506 escribe que San Juan Crisóstomo era "quizá el más cristiano de todos los hombres doctos y –según mi opinión– el más docto de todos los cristianos".[4]

En mi libro sugiero que Tomás Moro conoce a San Juan Crisóstomo a través de William Grocyn, que en septiembre de 1499 obtiene una copia de las homilías de Crisóstomo sobre el Evangelio según San Mateo.[5] Esa copia le servirá a Moro para aprender griego. En esas homilías el Crisóstomo se dirige a los ciudadanos de Antioquía y les dice que han de practicar la doctrina de Cristo en el lugar y estado donde estén. En concreto, en la primera homilía dice que las enseñanzas de Jesucristo las pueden practicar jóvenes y viejos, solteros y casados, así como en todas las profesiones, citando al agricultor, el herrero, el navegante y el constructor.

Además, en esa primera homilía Crisóstomo dice que para practicar las enseñanzas de Jesucristo no hace falta irse al monte, sino que se pueden vivir en la *polis* y en el *agora*, en la ciudad y en el mercado. En su carta de 1504, que escribe en latín, Tomás Moro menciona la *urbs* y el *fórum*.

San Juan Crisóstomo escribe no solo que los casados tienen que buscar la santidad en el matrimonio, sino que tienen mayor necesidad de practicar la virtud pues, por estar en medio del mundo, tienen que dar luz a los demás, como la vela encendida en el candelero.[6]

En resumen, Tomás Moro siguió lo que describe San Juan Crisóstomo, practicando su vida cristiana como laico, en la ciudad y en el foro, y a través del matrimonio.

En la primera homilía Crisóstomo dice que se pueden practicar las enseñanzas de Jesucristo mientras se trabaja, "no como en esa ridícula república de Platón", donde los filósofos dedican años a prepararse sin trabajar. La alusión a la *República* de Platón pudo ser tenida en cuenta en *Utopía,* donde todos los ciudadanos trabajan, y que, escribe Moro, es mejor que la República de Platón. Crisóstomo habla también de la ciudad de Dios, y en 1501, Moro da sus conferencias sobre la *Ciudad de Dios* de San Agustín.

El proyecto humanístico del norte occidental europeo es un humanismo cristiano. Erasmo lo expresa diciendo:

> Ninguna de las disciplinas liberales es cristiana; pues ni tratan de Cristo ni han sido inventadas por cristianos, pero todas ellas se refieren a Cristo.

7. Pico della Mirandola

La primera obra de Tomás Moro es su versión de la *Vida de Pico della Mirandola*. Esta obra no es simplemente una traducción del latín al inglés de la biografía de Giovanni Pico escrita por su sobrino Gianfrancesco, sino que Moro añade y omite. Brevísimamente, las omisiones muestran claramente que Tomás Moro no aprueba la idea del humanista encerrado en su torre de marfil. Giovanni Pico había escrito: "Prefiero mi casa, mi estudio, mis libros, mi tranquilidad". Por el contrario, Tomás Moro se decide por la vida activa del humanista al servicio de la sociedad.

Gianfrancesco en su *Vida de Pico*, justifica la decisión de Pico de rehusar cargos públicos para proseguir sus estudios diciendo que eso hicieron "Ambrosio, Agustín, Martín, y otros que rehusaron el episcopado cuando se les ofreció." Moro, sabedor de que la cita es inexacta, omite ese texto pues, aunque a Ambrosio, Agustín, Martín y a otros no les atraía el episcopado, lo asumieron para servir a la Iglesia, aceptando la vida activa de servicio pastoral. El ejemplo de esos tres obispos se cita en la *Vida* en un párrafo acerca de cargos civiles y eclesiásticos. Gianfrancesco había escrito:

> Pico estaba convencido de que un filósofo no debía acumular riquezas ni buscar honores, sino rehusarlos.

Moro omite "ni buscar honores". Rehusarlos puede ser una excusa para rehusar la oportunidad de servir.

8. Traducciones de Luciano

Erasmo vuele a Inglaterra en 1506, y en esa su segunda estancia se aloja en casa de Tomás Moro y los dos traducen del griego al latín algunos *Diálogos* de Luciano de Samosata.

Esas traducciones, dice Moro, fueros "los primeros frutos" de sus estudios de griego. La razón de la elección de Luciano la da Moro en su Carta de presentación al Secretario Real:

> Si alguna vez, doctísimo señor, hubo alguien que llevase a la cima el precepto horaciano y combinase el placer con la utilidad, pienso yo, que Luciano estaría entre los más destacados. Éste, abs-

teniéndose de los arrogantes preceptos de los filósofos y de las artimañas de los poetas, señala y censura los vicios de los hombres aquí y allá con una gracia exquisita al tiempo que completamente honesta.[7]

En algunos de sus diálogos, Luciano se ríe de los filósofos. A los tres elegidos, Moro les da una lectura cristiana.

El Cínico desprecia los bienes mundanos, y práctica el desprendimiento extremadamente. El lector puede apreciar que su templanza es inmoderada.

En *Menippus*, el joven cínico busca cómo orientar su vida. Moro alaba ese diálogo:

¡Con cuánto ingenio censura los engaños de los magos o la vaciedad de las fantasías de los poetas, o las inciertas discusiones de los filósofos acerca de cualquier tema!

De *Philopseudés* Tomas Moro concluye que al enfrentarse con narraciones y otros textos hay que tener fe indiscutible en las Escrituras divinamente inspiradas, pero "deberíamos examinar con cuidado y atención el resto contrastándolo con la doctrina de Cristo, y aceptarlo o rechazarlo si queremos vernos libres tanto de la confianza vana como del temor supersticioso." Principio que seguirá en su propia vida.

9. El dilema del humanista

La pasión de Tomás Moro por las buenas letras se manifiesta en la primera frase de su epitafio que escribe en 1532, a poco de dimitir de su cargo de Canciller del reino. Allí escribió:

THOMAS MORUS URBE LONDINENSI
FAMILIA NON CELEBRI SED HONESTA NATUS
IN LITERIS UTCVNQUE VERSATUS

Tomás Moro nació en la ciudad de Londres de familia no célebre, pero honesta; y estuvo siempre ocupado en letras, de una forma u otra. Disfrutó del latín desde que estuvo en Saint Anthony's, improvisó sus intervenciones en las obras de teatro en el Palacio de Morton, de joven compuso poesías en inglés y en latín, se ejercitó en traducir del griego al latín, y escribió en latín a su hijo e hijas. Ese gusto por la literatura le llevó a plantearse su vocación humanística. El dilema lo resuelve en el primer libro de *Utopía*.

Utopía es un diálogo entre Rafael, Peter Giles y Tomás Moro. La obra consta de dos partes, llamadas libro I y II. El segundo libro, escrito en

Flandes, es un discurso en que Rafael explica la constitución y costumbres de una isla remota.

En el primer libro, redactado de vuelta a Inglaterra, Moro enmarca el tema. Se encontraba en Brujas en una embajada de Enrique VIII ante el Príncipe Carlos, futuro rey de España. La delegación del Príncipe Carlos interrumpe las negociaciones y regresa a Bruselas para consultar con el príncipe. Moro tiene semanas libres por delante y va a Amberes a ver a Peter Giles.

En Amberes, Tomas Moro después de asistir a Misa en la Iglesia de Santa María, se encuentra con Peter Giles y éste le presenta a Rafael un navegante portugués buen conocedor tanto de los clásicos griegos como de Cicerón y Seneca. Rafael había acompañado a Américo Vespucio en sus últimos tres viajes, visitado diversos pueblos con constituciones y costumbres superiores a las europeas.

Moro también se alegra de oír que Rafael había estado en la corte de John Morton en Lambeth, donde había hablado de los males que asediaban a Inglaterra y a los reinos cristianos.

En esas circunstancias, Peter Giles interviene y, dados los conocimientos de las diversas culturas que muestra Rafael, sugiere que debería servir en la corte de algún rey.

Rafael responde que no quiere ser esclavo de ningún rey. Peter continúa:

Non dico ut servias regibus, sed ut inservias.

No digo que seas esclavo de reyes, sino servidor.

A lo cual Rafael contesta que *servias* e *inservias* se diferencian solo por una sílaba, y describe lo inútil que sería ser consejero de un rey, pues, por ejemplo, si el rey de Francia quisiera invadir el Milanesado, recobrar Nápoles, y conquistar Flandes, y diversos consejeros le sugirieran cómo lograrlo, y, en cambio, yo dijera que era suficiente quedarse con Francia, me juego la cabeza. Rafael concluye:

Non ese apud principes locum philosophiae.

En el trato con los reyes no hay lugar para la filosofía.

Moro responde que efectivamente no hay lugar para una filosofía académica, pero existe otra filosofía más acorde con la actuación del ciudadano, que conoce las circunstancias, y actúa de la mejor forma posible.

Tomas Moro escribió "philosophia civilior", textualmente, "filosofía más civil". Esta frase se ha traducido de diversos modos:

There is another philosophy,
-more practical for statesmen;
-better suited for the role of a citizen;
-more attuned to public affairs.

Sin embargo, Cicerón, Tácito y Horacio utilizan el latín *civilis* como equivalente al griego *políticos*.

Sugiero, por tanto, que Moro está recomendando a Rafael una "filosofía más política".

Moro sugiere intentar mejorar la situación: "No se abandona una nave en caso de tempestad", dice Moro, e igualmente "no hay que abandonar la *commonwealth* –la sociedad política–, aunque no se puedan corregir todos los males. Si no logras que lo malo se torne bueno, haz por lo menos que el mal se limite al mínimo".

El dilema del humanista es, pues, la alternativa de dedicarse a la filosofía académica, a sus estudios, al saber en general, o a la vida activa en servicio de la sociedad. Esta es la alternativa en *Utopía* entre el platónico Rafael y el político Moro. Moro sostiene que el sabio debe intervenir y dedicarse a la vida activa en servicio de la sociedad. Esta es la pieza clave del humanismo de Moro.

En esto sigue la vocación humanista descrita por Cicerón en *De officiis*. En esta obra, Cicerón escribe que dejar la vida activa de servicio para dedicarse al estudio es dejar desatendida una obligación moral, pues la virtud se muestra en el hacer; además, la vida activa deja muchas oportunidades para volver al estudio. San Agustín va más allá en la *Ciudad de Dios*. En concreto, se pregunta:

¿En medio de las sombras oscuras de la vida social, aceptará el sabio el cargo de juez o lo rehusará?

Y responde:

Sin duda, lo aceptará. El reclamo de la sociedad, que no puede ignorar, le obliga a cumplir con su deber.[8]

Cicerón continúa escribiendo que rehusar cargos públicos diciendo que no se quiere buscar la propia gloria en realidad es esquivar lo que el trabajo lleva consigo o, a lo mejor, se teme el descrédito o la humillación del fracaso en la política. Esa visión de Cicerón, bien conocida en el renacimiento, es contraria a la actitud de Giovanni Pico della Mirandola.

De officiis se divide en tres libros. El primero se refiere al bien honorable; el segundo al bien útil; y el tercero, a la compatibilidad del uno con el otro. Lo útil nunca puede oponerse a lo honorable. Aunque Moro aceptó servir al rey, llegó un momento en que eso se opuso al bien honorable, de manera que tuvo que dimitir de su cargo de canciller y sufrir martirio. Rafael llevaba razón al afirmar que no se podía servir al rey sin riesgo de jugarse la cabeza.

10. Cartas en defensa de Erasmo

La decisión de Moro de dedicarse a la vida activa en servicio de la sociedad, no le lleva a dejar de compartir el proyecto de Erasmo de renovar la cristiandad a través del estudio del griego, el latín clásico y los Padres de la Iglesia. ç

Tomás Moro compuso *Utopía* en 1515. Ese mismo año, durante esa estancia en Brujas, escribe una larga carta al teólogo de la Universidad de Lovaina, Martín Dorp, en defensa del humanismo de Erasmo.[9] Dorp había sido amigo de Erasmo, pero le escribió trasmitiéndole objeciones de los teólogos de Lovaina a su proyecto de la nueva traducción del Nuevo Testamento. En la misma línea van tres cartas a Edward Lee,[10] arzobispo de York, que también se encontraba en Lovaina.

En 1518 Moro entra al servicio del rey, y al poco tiempo, estando la corte en Abingdon, escribe una carta a la muy cercana Universidad de Oxford en la que les amonesta al estudio y enseñanza de la lengua griega, así como de las artes liberales.

Declara que el estudio de las letras prepara el alma para la virtud, y que para dedicarse al servicio público no hay otra fuente que la de los poetas, la de los oradores y la de los historiadores.

Añade que para estudiar teología es preciso conocer las Sagradas Escrituras, como fue el caso de Agustín, Jerónimo, Ambrosio, Cipriano, Crisóstomo, Gregorio, Basilio y tantos otros; y que para entender las obras de estos Padres hace falta pericia en las lenguas de cada uno de ellos. En particular, insiste en la necesidad de estudiar griego la lengua del Nuevo Testamento.

La carta más ilustrativa del humanismo de Moro es la carta de 1519 en respuesta a un monje que le había escrito criticando el trabajo de Erasmo de traducir de nuevo el Nuevo Testamento del griego al latín. La carta lleva el título: *Carta del ilustre señor Tomás Moro, en la que responde a una carta inculta y virulenta de cierto monje, quien, entre otras cosas, difamaba estúpidamente lo que Erasmo tradujo: "En el principio era el discurso, etc.".*[11]

Tomas Moro defiende la libertad de Erasmo de traducir como él considere más oportuno; es decir, defiende la libertad académica. Esa posición contrasta con la objeción de Moro diez años más tarde a la traducción del Nuevo Testamento por parte de William Tyndale. Tyndale tradujo *ecclesia* por congregación; *presbíteros*, por mayores; y *caritas*, por amor. Moro objeta a esas traducciones porque considera que, aunque sean traducciones correctas del griego, no siguen la tradición de la Iglesia, vaciando esas palabras del sentido preciso dado por los cristianos desde la misma redacción del texto.

En cambio, la situación en 1519 era distinta. Erasmo está intentando una comprensión del texto original griego, y Moro no ve inconveniente en considerar la traducción del griego *logos* por el latín *sermo*, en lugar de *verbum*. En efecto, Moro menciona que, para San Jerónimo, San Gregorio Nacianceno, San Cipriano y otros Padres, *logos* tiene otras traducciones, tales como Palabra, Razón, Sabiduría, todas ellas son propias de la Segunda Persona de la Santísima Trinidad. Cita también la recomendación de San Agustín, de considerar el texto griego original del Nuevo Testamento, al leer la traducción latina. Y menciona que la liturgia utiliza *sermo* en una de las Antífonas del tiempo de Navidad, tomada del Libro de la Sabiduría:

Omnipotens sermo tuus, Domine, de caelis a regalibus sedibus venit.

Cuando un profundo silencio envolvía todo y la noche estaba a la mitad de su camino, tu Palabra omnipotente Señor, descendió desde los asientos reales de los cielos.

De todas formas, a pesar de que Moro defiende la libertad de Erasmo de utilizar *sermo* en lugar de *verbum*, dice que él hubiera preferido no traducir *logos*, sino utilizar la palabra en el idioma original como se hace con las palabras Aleluya, Amen y Hosanna.

Al objetar a esa traducción, el monje critica el trabajo de Erasmo, diciendo que más le valdría haberse quedado en su monasterio. Tomás Moro arremete contra esa crítica señalando que la esencia de la santidad no es quedarse pegado a una roca como una esponja de mar o una ostra, y menciona la vida activa de los apóstoles y del mismo Jesucristo, y escribe que no es virtud enterrar los propios talentos por miedo a perderlos.

La edición de Yale de las Obras Completas de Santo Tomás Moro incluye esas cartas en el tomo 15 bajo el título *In Defense of Humanism*, pero conviene mencionar que todas esas cartas, dirigidas a Martin Dorp, Edward Lee y "a un monje", así como la misma carta a la Universidad de Oxford, fueron escritas en defensa de Erasmo.

11. El prestigio de Tomas Moro

El prestigio de Tomas Moro como el máximo humanista inglés en sus días le llevó a actuar como secretario del rey, a través de los diversos cargos; y con la llegada del luteranismo a Inglaterra, el obispo de Londres le encomendó la tarea de escribir en inglés en defensa de la Iglesia. Ese es el origen de su primera obra de ese tipo, en 1529. Se trata de un diálogo, género propio de los humanistas pues lleva a escuchar las dos partes y encaminar la discusión hacia una comprensión de lo que se pretende. Moro utilizó el diálogo en *Utopía*, en el *Diálogo* de 1529, y, una vez en la Torre de Londres esperando su ejecución, en el *Diálogo de la Fortaleza contra la Tribulación*.

En el *Diálogo* de 1529, en conversación con un joven universitario influido por el luteranismo, que opina que se debe estudiar solo las Sagradas Escrituras. Moro argumenta que para entender las Escrituras hay que cultivar las buenas letras, el conocimiento del griego y latín, de los Padres y de la tradición. Es interesante notar que para defender la ortodoxia en ningún momento acude al magisterio o a la escolástica.

12. Conclusión

El primer perfil biográfico de Tomas Moro lo escribe Erasmo en su carta de 1519. Dice:

> Desde edad temprana tuvo una educación liberal. De muchacho se entregó por su cuenta al estudio de la literatura y filosofía griega […]

> Al principio practicó sobre todo la poesía; siguió luego una larga lucha por adquirir un estilo de prosa más ágil, ejercitando su pluma en todo género de escritos […]

> Le gustan de manera especial las declamaciones, y dentro de ese terreno, en cuestiones paradójicas, pues en ellas tiene más campo el ingenio [...]
>
> Sería difícil encontrar un orador que improvisase mejor que él: una lengua feliz sigue sumisa a una ingeniosa cabeza. Su inteligencia está siempre dispuesta, siempre pasando con agilidad al siguiente punto; su memoria siempre a mano, saca con prontitud y sin titubeo lo que la ocasión pida. Nada más perspicaz se puede imaginar en debates, de modo que a menudo los ha tenido con los más eminentes teólogos [...][12]

Es evidente, que Moro se dio cuenta del valor del proyecto de Erasmo y lo apoyó. Sin Erasmo, Moro no habría escrito las cartas en su defensa, que en la actualidad se conocen con el título de *En defensa del humanismo*.

Sin Erasmo, Moro habría podido seguir su interés por el griego alentado por William Grocyn; habría podido estudiar los Padres de la Iglesia y seguir su carrera de Derecho, servir al rey y dar su vida por la Iglesia y la validez del matrimonio de Enrique VIII y Catalina de Aragón.

Su primera embajada a Flandes, de mayo a octubre de 1515, tuvo para Moro gran importancia, pues a través de Erasmo tuvo la ocasión de conocer a humanistas europeos que como él eran hombres casados y abogados, interesados en la lengua latina y griega, y trabajaban en la administración pública, como Peter Giles, Frans van Cranevelt y Gillaume Budé. También a través de Erasmo conoció al laico Juan Luis Vives, que luego fue a Inglaterra y dio clases en Oxford.

El humanismo europeo durante los primeros veinte años del siglo XVI era evidentemente un humanismo cristiano, pues toda la sociedad europea era cristiana, pero tuvo características diversas.

En Italia su interés por lo clásico les llevó a un humanismo de contenido menos cristiano como se refleja, por ejemplo, en el *Discurso de la dignidad del hombre* de Pico della Mirandola, o incluso pagano, como en el *Simposio* de Platón traducido por Ficino.

En Brujas y Amberes, Moro conoce, como ya he dicho, a laicos, abogados que trabajan en la administración pública, y están interesados por el humanismo.

La situación en Inglaterra es distinta. Los humanistas y miembros de la administración son clérigos, y apoyan y patrocinan el trabajo de Erasmo: nombres como los de John Fisher (obispo y Canciller de la Universidad de Cambridge), Cuthbert Tunstal (obispo de Londres), William Warham (arzobispo de Canterbury), Richard Fox (obispo de Winchester y fundador del Corpus Christi College en Oxford, e incluso el médico Thomas Linacre fue ordenado sacerdote. El único humanista laico de renombre fue Tomas Moro.

El proyecto humanista del norte occidental europeo, de renovar el cristianismo por una vuelta a las fuentes, se trunca sin embargo con el luteranismo a partir de 1518.

Moro dedica muchas horas a escribir en defensa de la Iglesia. La posición de Erasmo es diferente. Se manifiesta siempre fiel al papado y propugna la paz entre las diversas partes; pero, por ejemplo, al pedírsele que escriba rebatiendo a Lutero, escribe *De libero arbitrio*, donde presenta las dos posiciones del tema sin realmente tomar partido. Lutero responde con *De servo arbitrio.* La lectura desapasionada de estas dos obras revela sin duda que el libro de Lutero es convincente, mientras que el de Erasmo no lo es. Erasmo utiliza el diálogo humanístico como método de apertura, pero ese método no le lleva a la certeza de la fe. Como escribe Louis Bouyer,[13] ni Erasmo ni Lutero comprenden la posición católica sobre el libre albedrío –la libertad de la voluntad– y la gracia.

¿Es el humanismo de Moro convincente en sus obras en defensa de la Iglesia?

Moro, al considerar los argumentos de luteranos y otros reformadores, se remonta siempre a la tradición y a la enseñanza de los Padres. Si no se trata de inventar una nueva religión en 1517, sino de fidelidad al mensaje de Jesucristo desde hacía 1500 años, sus obras fueron convincentes.

La pasión y afán de poder de Enrique VIII desbarataron, sin embargo, el humanismo en Inglaterra como movimiento cultural para revitalizar la sociedad, e impusieron una tiranía despótica como predijo Moro en sus obras.

Pero el martirio de Tomás Moro puso en evidencia que su humanismo no fue simplemente un ejercicio formal, sino la manifestación de una fidelidad que integró su vida entera.

NOTAS

[1] Carta a la Universidad de Oxford, en C. Cabrillana, *Cartas de un humanista*, primera parte. Rialp, Madrid, 2018, p. 122.

[2] Aldus Manutius, *The Greek Classics*, edited and translated by N.G. Wilson. Harvard University Press, 2016, p. 285.

[3] Carta a Robert Fisher, desde Londres, 5 diciembre de 1499, *Collected Works of Erasmus*, carta número 118.

[4] Tomás Moro, *Diálogos de Luciano*. Traducción de C. Cabrillana. Rialp, Madrid, 2022, p. 63.

[5] Frank Mitjans, *Thomas More's Vocation*. Catholic University of America, Washington, 2023, p. 77.

[6] Homilía 43:7.

[7] Libro XIX, capítulo 19.

[8] Carta a Thomas Ruthall, en *The Complete Works of St Thomas More, volumen 3.I: Translations of Lucian*, Yale University Press, New Haven and London, 1974, p. 3. La traducción se basa en la de Concepción Cabrillana, *Diálogos de Luciano*, Rialp, Madrid, 2022, pp. 61-62.

[9] Carta de Erasmo a Ulrich von Hutten, 23 julio 1519, traducción de Álvaro Silva *en La correspondencia de Tomás Moro (1499-1534)*, carta 6, Rialp, Madrid, 1998, pp. 147-151.

[10] C. Cabrillana, *op. cit.*, pp. 33-116.

[11] *Ibíd.*, segunda parte.

[12] *Complete Works of St Thomas More*, vol. 15, p. 198.

[13] *The Spirit and Forms of Protestantism.* Scepter Publishers, Princeton, New Jersey, 2001, pp. 187-89.